# 시민 불복종

천천히읽는책_44

## 시민 불복종

**헨리 데이비드 소로 원작 정명림 글**

펴낸날 2021년 2월 5일 초판1쇄 | 2025년 3월 25일 초판4쇄
펴낸이 김남호 | 펴낸곳 현북스
출판등록일 2010년 11월 11일 | 제313-2010-333호
주소 07027 서울시 영등포구 양평로 157, 투웨니퍼스트밸리 801호
전화 02) 3141-7277 | 팩스 02) 3141-7278
홈페이지 http://www.hyunbooks.co.kr | 인스타그램 hyunbooks
ISBN 979-11-5741-233-4 73300

편집 전은남 이경희 | 디자인 김홍비 | 마케팅 송유근 함지숙

글 ⓒ 정명림, 2021
이 책은 저작권법에 의하여 보호를 받는 저작물이므로 무단 전재 및 복제를 금지하며,
이 책 내용의 전부 또는 일부를 이용하려면 반드시 저작권자와 현북스의 허락을 받아야 합니다.

한국출판문화산업진흥원 2021년 <청소년 북토큰 지원 사업> 북토큰 선정 도서로 선정된 도서입니다.

⚠ 주의 종이에 베이거나 긁히지 않도록 조심하세요. 책 모서리가 날카로우니 던지거나 떨어뜨리지 마세요.

헨리 데이비드 소로 원작
정명림 글

 머리말

## 《시민 불복종》이란?

헨리 데이비드 소로는 작가이자 사상가예요. 월든 호숫가에서 오두막을 짓고 살던 경험을 바탕으로 쓴 《월든》이라는 책으로 널리 알려져 있어요.

《시민 불복종》은 소로가 세금을 내지 않았다는 이유로 체포되어 감옥에 들어갔다가 나와서 쓴 글입니다. 시민 불복종은 말 그대로 시민이 자기가 사는 지역을 다스리는 정부에서 하는 일이 옳지 않다고 생각할 때, 정부에 저항하는 뜻을 보여 주는 비폭력 시민운동을 말합니다.

우리는 정부가 운영하는 여러 가지 제도를 통해 사회적으로 보호받고 살아갑니다. 정부 보호 아래 있는 만큼 시민들은 사회에 대해 일정한 의무를 지게 됩니다. 소로는 시민의 기본 의

무 가운데 하나인 세금을 내지 않는 방식으로 시민 불복종 운동을 벌였습니다.

　소로는 왜 세금을 내지 않았을까요? 그때 미국은 흑인 노예 제도가 시행되고 있었고, 1846년에는 영토를 더 늘리기 위해 멕시코를 상대로 전쟁을 일으키기까지 했습니다. 소로는 이런 일들이 정의에 어긋난 일이라고 보았습니다. 정의롭지 않은 일을 하는 정부에 세금을 내면 이런 불의가 계속되도록 돕는 것과 마찬가지라고 생각했기 때문에 세금을 내지 않았던 것입니다.

　밀린 세금을 친척이 대신 내는 바람에 소로는 감옥 생활을 하루밖에 하지 않았지만, 이 일을 계기로 소로는 잘못된 정부에 저항하겠다는 의지를 더욱 굳힙니다.

개인의 자유를 중요하게 여긴 소로는 국가 권력이 개인의 자유를 억압해서는 안 된다고 생각했어요. 이를 주제로 마을 문화 회관에서 강연하고 '시민 불복종'이라는 제목으로 글을 써서 발표합니다.

《시민 불복종》은 발표된 뒤 여러 사람에게 영향을 주었는데, 그 가운데 손꼽을 수 있는 사람은 레프 톨스토이와 마하트마 간디입니다. 톨스토이는 러시아 출신 작가이자 사상가로, 소로의 영향을 받았답니다. 소로의 불복종 사상은 톨스토이를 통해 인도 민족 운동가인 간디에게까지 전파되었어요. 간디는 비폭력, 무저항, 불복종 사상을 바탕으로 인도에서 독립운동을 펼쳐 나갔습니다.

그 뒤에도 이 책은 세계 여러 나라에서 불의와 권력에 맞서 저항 운동을 펼치는 많은 운동가에게 든든한 밑거름이 되었습니다.

  이 책을 보면 소로가 어떤 정부를 좋은 정부라고 하는지 잘 알 수 있습니다. 또 정부가 옳지 않은 일을 할 때 시민인 개인이 어떤 행동을 할 수 있는지 생각해 볼 수 있습니다. 더 나아가 이 책에서는 인류 역사에서 펼쳐진 시민 불복종 운동 사례도 소개하고 있습니다. 이 책을 읽고 나면 사회에 대한 시민의 관심과 행동이 역사를 어떻게 바꿀 수 있는지 알게 될 것입니다.

## 차례

머리말 《시민 불복종》이란? • 4

1. 정부❶ 작을수록 좋은 것 • 10

2. 정부❷ 존중할 가치가 있는 정부 • 15

3. 국민 국민이기 이전에 개인 • 19

4. 국가와 국민❶ 인간으로서 가치 있는 삶 • 26

5. 정부와 국민 정부에 저항할 권리 • 30

6. 개혁 절대적으로 선한 사람 • 35

7. 투표 투표에 대한 착각 • 40

8. 원칙과 도리 정의를 실행하기 위한 행동 • 44

9. 법과 불의 법보다 정의 • 51

10. 공직자 싸울 대상은 사람 • 57

11. **감옥 ❶** 불의에 저항하는 이들이 머무는 곳 • 62

12. **복종과 불복종** 멀고 험난한 불복종의 길 • 67

13. **세금** 교회세를 안 내다 • 72

14. **감옥 ❷** 가둘 수 없는 '나의 정신' • 77

15. **인간의 본성** 강요받지 않는 삶 • 82

**감옥에서 보낸 하룻밤** • 87

16. **공과 사** 저항을 방해하는 일 • 91

17. **애국** 나는 왜 저항하는가? • 96

18. **국가와 국민 ❷** 소로가 꿈꾼 나라 • 102

**맺음말** 소로가 우리에게 남긴 것 • 107

**정부 ❶**

## 작을수록 좋은 것

나는 "가장 좋은 정부는 가장 적게 다스리는 정부"라는 말을 진심으로 받아들인다. 나는 그러한 정부가 하루빨리 체계적으로 움직이는 것을 보고 싶다. 그렇게 되면 우리는 마침내 '가장 좋은 정부는 아무것도 다스리지 않는 정부'라는 사실을 깨닫게 될 것이다. 아무것도 다스리지 않는 정부를 받아들일 준비가 된 자들만이 그런 정부를 가지게 될 것이다. 정부는 그저 국가를 편하게 다스리는 체제 가운데 하나일 뿐이다. 그러나 정부의 대부분이 그저 그런 편이고, 모든 정부는 때때로 불편한 존재다.

상비군\* 두는 일을 반대하는 의견이 많이 제기되어 왔다. 이 의견들은 진지하며 옳다고 받아들일 수밖에 없는 것들이다. 이런 의견은 상설 정부에도 제기될 수 있다. 상비군은 상설 정부의 팔 하나 정도일 뿐이다.

정부는 사람들이 자신이 가진 뜻을 이루기 위해 선택한 방법 가운데 하나다. 정부는 국민이 정부를 통해 무엇인가를 이루기 전에 소수에 휘둘려 비뚤어지기 쉽다.

지금 벌어지고 있는 멕시코 전쟁을 보라. 전쟁은 몇 안 되는 개인이 상설 정부를 자신의 도구로 삼아 벌인 일이다. 국민은 전쟁을 일으키는 데 동의한 적이 없기 때문이다.

■ **상비군** 국가 비상사태에 늘 대비할 수 있게 만든 군대나 군인.

# 나는 정의로운
# 정부를 바란다

　정부는 국가를 돌보는 일을 하는 정치 기구를 말합니다. 오랜 옛날부터 국가를 다스리는 데는 일정한 기구가 있었습니다. 임금이 다스리는지 귀족이 다스리는지에 따라 다르기도 하고, 시대에 따라 국가에 따라 다르기도 하지만 언제 어디든 국가가 있으면 국민이 있고 국민을 다스릴 지배 기구가 있었어요.

　인구가 늘면서 국가도 커지고 정부 기구도 그 규모가 점점 커졌지요. 국가가 커진 만큼 국민이 행복해진다면 얼마나 좋겠어요. 하지만 다스리는 자인 국가와 지배받는 자인

> 나는 "가장 좋은 정부는
> 가장 적게 다스리는 정부"라는 말을
> 진심으로 받아들인다.

개인은 자유를 두고 서로 부딪힐 수밖에 없는 관계였어요. 국가가 공동체 질서를 유지하려면 국민의 자유를 어느 정도 억눌러야 했거든요.

과연 공동체 질서를 유지하면서 개인이 마음껏 자유를 누리게 하는 정부가 있을까요? 소로가 말한 '적게 다스리는 정부(작은 정부)'는 그런 고민에서 나왔어요. '작은 정부'는 원래 경제학자들이 경제적인 자유를 주장하면서 쓴 말이에요. 지금은 '정부 크기를 줄이고 재정도 줄여서 민간 부문의 자율성을 높이는 정책'을 뜻하게 되었지요.

소로는 정부가 권력을 너무 많이 가지면 안 된다고 생각했어요. 되도록 개인의 자유를 제한하지 않는 작은 정부가

미국이 일으킨 멕시코 전쟁

좋은 정부라고 하면서 말이지요. 그리고 정부는 정의로워야 한다고 보았어요. 만약 정부가 옳지 않은 일을 한다면 그런 정부를 꾸짖고 바로잡기 위해 시민이 나서야 한다고 주장했습니다.

**정부 ❷**

## ⸨ 존중할 가치가 있는 정부 ⸩

국민에게 정부는 일종의 나무총이다. 국민들이 서로를 겨누는 데 정부를 사용한다면 국민은 분열될 것이다. 정부가 필요 없다는 말을 하는 것이 아니다. 국민이 정부에 대해 가진 자신들의 생각에 만족하기 위해서는 정부라는 복잡한 기계가 만들어 내는 소음을 들어야 하기 때문이다.

정부는 이렇게 해서 얼마나 성공적으로 사람들에게 강요할 수 있는지 보여 준다. 심지어 사람들이 어떻게 정부의 이익을 위해 정부를 받아들였는지를 보여 준다.

그건 좋다. 그런데 이 정부는 무슨 일이 생기면 어떻게 해서든 벗어나려고만 했지, 스스로 새롭게 벌여 나간 사업이 없다. 이 정부는 나라의 자유를 지키지도 않고, 서부를 안정적으로 자리 잡게 하지도 않고, 계몽하지도 않는다.

미국인의 타고난 기질로 이제까지 모든 일을 해냈다. 정부가 때때로 방해하지 않았다면 더 많은 일을 해냈을 것이다. 정부는 사람들이 서로 방해하지 않고 함께 살아가게 해 주는 체제*일 뿐이다. 앞에서도 말했듯이 정부가 국민을 적게 간섭할 때가 정부가 잘하고 있는 때다.

그러나 나는 확실하게 한 시민으로서 말한다. 나는 스스로 무정부주의자라 일컫는 사람들과는 다르다. 나는 정부를 없애야 한다고 말하는 것이 아니다. 정부가 더 나아지기를 바랄 뿐이다. 모든 이가 자신이 존경할 만한 정부가 어떤 정부인지 분명히 알도록 하자. 그것이 우리가 존경할 만한 정부를 얻기 위해 내딛는 한 걸음이 될 것이다.

■ **체제** 사회를 하나의 유기체로 볼 때에, 그 조직이나 양식, 또는 그 상태를 이르는 말.

## 국가 권력은 개인의 자유를 침해할 수 없다

어떤 이들은 소로가 무정부주의자라고 합니다. 하지만 소로는 자신이 무정부주의자와는 다르다고 해요. 소로가 아무것도 하지 않는 정부를 가장 좋은 정부라고는 했지만, 어디까지나 더 나은 정부를 바랄 뿐 정부가 없어져야 한다고 하지는 않았으니까요.

무정부주의는 무엇일까요?

정부는 법률을 정하고 법에 따라 나라를 관리하고 운영하는 일을 해요. 정부는 국민을 보호하고 국민이 행복한 삶을 누릴 수 있도록 사회, 경제, 환경, 복지 등 여러 분

> 정부는 사람들이 서로 방해하지 않고
> 함께 살아가게 해 주는 체제일 뿐이다.

야에서 제도와 정책을 만들어 펴 나간답니다. 모든 국민은 정부가 하는 일에 크고 작은 영향을 받게 마련이지요.

　무정부주의는 말 그대로 이런 정부가 없어져야 한다고 주장하는 사상이에요. 무정부주의자는 정부는 개인을 통제하고 제한하는 기구이기 때문에 필요가 없다고 말합니다. 인간이 인간을 지배하는 사회는 옳지 않다고 보았거든요. 무정부주의자들은 민주주의와 투표 제도에 대해서도 부정적으로 생각했답니다.

　소로가 무정부주의의 영향을 받은 것은 확실해 보입니다. 국가 권력이 개인의 자유를 침해하는 것을 무엇보다 싫어했으니까요.

국민

## 국민이기 이전에 개인

 권력이 국민의 손에 들어와서 다수가 지배하게 되고 그것이 오래 지속되는 까닭은 그들이 옳거나 소수에게 공정해 보여서가 아니다. 단지 다수가 가장 힘이 세기 때문이다. 그러나 모든 경우를 다수결 원칙으로 다스리는 정부가 정의에 바탕을 두었다고 할 수는 없다. 사람들이 이해할 수 있는 경우라 해도 말이다.
 다수라는 이유가 아니라 양심으로 옳고 그름을 결정하는 정부가 될 수는 없는가? 편의적으로 처리할 수 있는 문제만 다수 의견으로 결정하는 정부는 존재할 수 없는가? 시민들은 잠시일지라도 입법자에게 자신의 양심을 맡기고 물러나 있어야 하는가? 그렇다면 모든 인간이 양심을 가져야 할 까닭은 무엇인가?

　나는 우리가 먼저 인간으로 존재해야 하고 국민이 되는 건(국민으로서 다루어야 할 문제는) 그다음이라고 생각한다. 법보다는 권리*에 대해서 존중하는 마음을 갖는 것이 바람직하다. 내게 주어진 권리에 따른 유일한 의무*는 언제든 내가 옳다고 생각하는 일을 하는 것이다.

　집단에 양심이 없다는 말은 참으로 맞는 말이다. 하지만 양심 있는 이들이 모인 집단은 양심을 가진 집단이다. 법은 결코 사람을 조금이라도 더 정의롭게 만들지 못한다. 법을 존중함으로써 선한 사람들조차 날마다 불의를 저지르는 셈이 된다.

　우리는 법을 지나치게 존중한 결과를 군인에게서 볼 수 있다. 대령, 대위, 상등병, 이등병, 화약 운반병 들이 놀랄 만큼 가지런히 줄을 맞추어 전쟁터를 향해 언덕을 넘고 계곡을 건너 행진한다. 자신의 의지, 상식, 양심에 어긋난 이 행진은 매우 숨 가쁘고 심장을 두근거리게 한다. 그들은 자신들이 관련된 이 일이 잘못된 일임을 조금도 의심하지 않는다. 그들은 모두 평화롭기를 바라기 때문이다.

자, 그들은 무엇인가? 인간인가? 아니면 비양심적인 세력가에게 봉사하는, 움직이는 작은 요새나 탄약고인가?

■ **권리** 어떤 일을 행하거나 타인에 대하여 당연히 요구할 수 있는 힘이나 자격.
■ **의무** 규범에 의하여 부과되는 부담이나 구속. 도덕적으로 강제력이 있는 규범에 근거하여 인간의 의지나 행위에 부과되는 구속.

## 개인주의자, 소로

소로가 나고 자란 콩코드는 매사추세츠주에 있는 작은 마을이에요. 미국이 독립 전쟁에서 영국과 첫 전투를 벌인 역사적인 곳이기도 하지요. 콩코드에는 강과 너른 숲과 풀밭과 언덕과 호수와 늪이 있고 그곳에는 온갖 야생 식물이 자라고 있었어요. 소로는 어릴 때 산책하고 관찰하고 사색하는 것을 좋아했습니다.

대학 때도 자기 세계를 즐기며 조용히 혼자 다니는 학생이었어요. 소로는 대학 시절 내내 자연사와 박물학과 그리스 고전을 읽고, 인디언 유물 찾기에 관심을 쏟으며 친구보

소로가 쓰던 망원경

다는 자연과 더 가까이 지냈답니다.

　소로가 살던 때 미국에는 초절주의라는 사상이 널리 퍼져 있었는데, 초절주의는 개인을 중시하는 사상이었습니다. 소로는 그때 유명한 시인이자 사상가인 랠프 월도 에머슨을 만나 사상적으로 교류하며 우정을 쌓게 됩니다. 소로는 에머슨이 간행한 초절주의 사상을 담은 잡지 〈다이얼〉에 시와 수필을 기고하면서 흐름에 동참했어요.

　소로는 "나는 천국에 공동체 생활을 하러 가기보다는 지옥에서 독신자의 공회당을 지키는 것이 낫다고 생각한다."고 말할 정도로 개인 생활을 중시했답니다.

　그런 소로에게 정부가 개인을 억누르는 상황이었으니

> **"**
> 다수라는 이유가 아니라
> 양심으로 옳고 그름을 결정하는
> 정부가 될 수는 없는가?
> **"**

얼마나 견디기 힘들었을까요? 그것도 불의를 저지르는 정부였으니 말이에요. 또한 소로는 개인이 집단의 이익을 위해 희생하는 것을 경계했어요. 집단행동에 휩쓸리다 보면 개인의 양심과 인간의 존엄성을 지킬 수 없게 되거든요.

흔히 개인주의와 대비되는 사상으로 전체주의를 말합니다. 전체주의는 개인보다 집단, 곧 전체를 중요하게 생각해서 민족이나 국가를 위해 개인의 자유를 희생해야 한다는 사상이에요. 우리는 역사상 전체주의가 가져온 비극을 잘 알고 있습니다.

대표적인 예로 제2차 세계 대전을 일으킨 나라들을 들 수 있어요. 이탈리아의 파시스트당과 독일의 나치당 같은

행진하는 나치 군대와 어린이들

경우는 나라 경제가 어려워지자 침략 전쟁을 일으켜 국민들을 희생시켰습니다. 특히 나치당을 이끈 히틀러는 나라에 해를 끼치는 사람들이라며 유대인, 집시, 장애인 들을 집단 수용소에 가둔 뒤 대학살을 저지르기도 했어요.

우리나라도 일제 강점기에 전체주의 체제 아래서 수많은 사람이 고초를 겪었습니다. 일제가 벌인 전쟁 때문에 우리나라 사람들이 전쟁터에 끌려가 죽거나 다치고 군수 산업 현장에서 강제 노역에 시달려야 했거든요. 이때의 상처는 치유되지 못하고 지금까지 이어지고 있답니다.

**국가와 국민 ❶**

## { 인간으로서 가치 있는 삶 }

　많은 사람들이 인간이 아니라 마치 기계처럼 국가에 봉사한다. 바로 상비군, 예비군, 교도관, 경찰관, 민병대 같은 사람들이다. 대부분 그들은 판단력이나 도덕관념을 가지고 알아서 움직이지 않는다. 그들은 스스로를 나무, 흙, 돌 같은 처지에 놓아 버린다. 아마 나무로 사람을 만들더라도 그들만큼 잘 해낼 것이다.

　그들은 허수아비, 흙덩이만큼이나 존중받지 못하며, 그들의 가치는 말, 개와 같다. 그런데 그들이 보통 선량한 시민으로 칭송받는다. 그 밖에 입법자, 정치가, 변호사, 각료, 공직자 등은 머리로 국가에 봉사하고 있다. 하지만 그들은 도덕적인 분별이 거의 없어서 자신도 모르게 신을 섬기듯이 악마를 받들 가능성이 있다.

영웅, 애국자, 순교자, 개혁가처럼 아주 적은 수의 사람들만이 양심*을 가지고 국가에 이바지한다. 그래서 양심을 가진 이들은 대부분 국가에 저항하게 되고 국가는 그들을 적으로 취급한다. 현명한 사람은 죽어서 한 줌의 흙이 되기 전에는 오직 인간으로 쓰이기만을 바랄 뿐, 진흙이 되어 바람구멍 막는 데 쓰이는 것을 거부한다.

■ **양심** 사물의 가치를 변별하고 자기의 행위에 대하여 옳고 그름과 선과 악의 판단을 내리는 도덕적 의식.

## 인간의 존엄성

　소로는 자기 스스로 판단하지 못하고 기계의 부품처럼 살아가는 사람들을 비판합니다. 자기를 지배하는 정부가 옳은 일을 하는지 안 하는지 분별없이 나라에서 시키는 대로 움직인다는 것이지요. 그런 사람들은 스스로 인간의 존엄성을 잃어버린다고 생각했어요.
　아주 적은 수의 사람들만이 인간으로서의 양심을 지니고 진정 옳은 일을 한다고 생각했습니다. 그런 사람들은 정부에서 하려는 일이 옳지 않다는 것을 알기 때문에 반드시 저항하게 되고, 그러면 정부에서는 그들을 억누르려 하겠지요.

> **"**
> 현명한 사람은 죽어서 한 줌의 흙이 되기 전에는
> 오직 인간으로 쓰이기만을 바랄 뿐, 진흙이 되어
> 바람구멍 막는 데 쓰이는 것을 거부한다.
> **"**

소로가 살던 때에는 노예 제도가 있었어요. 소로는 노예제를 유지하려는 정부에 저항해야 한다고 호소했습니다.

소로가 생각한 참다운 의미의 영웅 가운데 한 사람으로 존 브라운을 들 수 있습니다. 존 브라운은 노예제 폐지를 부르짖으며 정부에 저항하다 잡혀 사형당한 노예제 폐지 운동가예요.

소로는 존 브라운에 대해 이렇게 말했습니다.

"브라운이 그토록 위대한 일을 해낸 것은 그의 인간다움에서 비롯된 것이지 문법 공부를 통해서가 아니었다. 그는 그리스어 철자가 어찌 되었든 넘어진 사람을 일으켜 세우는 일을 먼저 했을 것이다."

### 정부와 국민

## ╰ 정부에 저항할 권리 ╯

　오늘날 이 미국 정부에 대하여 어떻게 행동해야 올바른 인간이 되는 것일까? 나는 부끄러움 없이 이 정부와 함께할 수는 없다고 답하겠다. 나는 노예 제도˚를 허용하는 정치 조직을 한순간도 내 정부로 받아들일 수 없다.

　모든 이가 혁명의 권리를 인정한다. 정부가 너무나 폭압적이고 무능해서 견딜 수 없을 때 정부에 충성하기를 거부하고 저항할 권리 말이다. 그러나 거의 모두가 지금은 혁명이 필요한 때가 아니라고 한다. 그들은 1775년이 혁명이 필요한 때였다고 생각한다. 항구로 들어온 어떤 외국 상품에 세금을 매겼으니 이 정부가 나쁜 정부라고 한다면 나는 그다지 신경 쓰지 않을 것이다. 왜냐하면 나는 그 외국 상품 없이도 살 수 있기 때문이다.

자유의 피난처가 되겠다는 나라 국민 가운데 6분의 1이 노예고, 또 한 나라가 외국 군대에 점령당해 군법의 지배 아래 놓이게 되었을 때 정직한 사람들이 저항하고 혁명을 일으키는 것은 그것이 언제가 되었든 결코 이르지 않다. 이 임무가 더욱 절박한 까닭은 우리나라가 침략당한 것이 아니라 우리가 다른 나라를 침략했기 때문이다.

미국은 노예 제도를 없애고 멕시코에 대한 전쟁을 끝내야만 한다. 비록 그들 자신이 미국 국민으로서 존재하는 것에 대한 대가를 치르더라도 말이다.

■ **노예 제도** 노예에 대한 정치적·경제적 지배에 기초를 둔 사회 제도. 노예가 생산 노동을 도맡아 했다.

## 욕심이 일으킨 전쟁

미국 지도를 한번 볼까요?

지금은 북아메리카 대륙에서 캐나다 아랫부분을 차지하고 있는 거대한 땅이지만 미국이 처음부터 넓은 영토를 가진 것은 아니었답니다.

콜럼버스가 북아메리카 대륙에 발을 디딘 뒤로 이 땅이 유럽인들에게 알려지면서 수많은 이주민이 북아메리카로 건너갔어요. 그 가운데 영국의 청교도 교인들로 이루어진 이주민 무리가 미국 동부에 터를 잡아 자신들만의 나라를 만들었습니다. 처음에는 13개 주가 각자 독립된 정부를

> "한 나라가 외국 군대에 점령당했을 때
> 정직한 사람들이 저항하고 혁명을 일으키는 것은
> 그것이 언제가 되었든 결코 이르지 않다."

만들었지요. 하지만 이들 주는 영국의 지배를 받는 식민지였어요. 그러다가 영국을 상대로 독립 전쟁을 벌여 1776년에 '독립 선언서'를 발표합니다.

이제 영국에서 독립한 아메리카 합중국은 힘을 갖추고 땅 넓히기에 나섭니다. 먼저 수천 년을 그곳에서 살아온 북아메리카 원주민(인디언)을 삶터에서 몰아내고, 개척이라는 이름으로 서쪽으로 진출해 모두 자기네 땅으로 삼았어요. 그 과정에서 크고 작은 전쟁이 숱하게 벌어지고 수많은 사람이 죽어 갔습니다. 이미 넓은 땅을 차지하게 되었는데도 미국 정부는 땅을 더욱 늘리려고 다른 나라를 쳐들어갔어요.

**멕시코 전쟁 멕시코 시티 함락**

 소로가 말하는 멕시코 전쟁이 바로 그런 전쟁이었습니다. 멕시코와의 국경 지대에 미국 인구가 늘어 가자 미국은 기회가 있을 때마다 멕시코 땅을 사려고 했어요. 하지만 뜻대로 안 되자 마침내 멕시코를 공격해 전쟁을 일으켰습니다. 멕시코 전쟁 결과, 미국은 멕시코를 중앙아메리카로 몰아내고, 멕시코 땅이었던 서부와 텍사스 지역을 차지했답니다.

### 개혁

## 절대적으로 선한 사람

　사실 매사추세츠주 개혁에 반대하는 사람들은 남부에 있는 10만 정치인들이 아니라 여기 있는 10만 상인들과 농부들이다. 그들은 인류애를 실현하기보다 장사나 농사에 더 관심이 있을 뿐이라 자신이 대가를 치르면서까지 노예와 멕시코를 위해 정의를 추구하려는 생각이 없다.
　내가 싸우는 상대는 멀리 있는 적들이 아니라, 바로 가까이에 있으면서 먼 곳에 있는 자들과 협력하고 그들이 시키는 대로 하는 자들이다. 이런 사람들이 없으면 멀리 있는 적들은 우리에게 아무 해를 끼칠 수 없을 것이다.

흔히들 대중은 상황을 발전시킬 준비가 되어 있지 않다고 한다. 그러나 다수가 소수보다 현명하지 않거나 훌륭하지 않아서 발전이 더딘 것은 아니다. 당신만큼 선한 사람이 많은 것은 그다지 중요하지 않다. 어딘가에 절대적으로 선한 사람이 존재하는 것이 중요하다. 그 사람이 전체를 발효시킬 효모이기 때문이다.

많은 사람이 노예 제도와 멕시코 전쟁에 반대한다면서도 그런 불의를 끝내기 위해 적절한 행동을 하지는 않는다. 그들은 조지 워싱턴과 벤저민 프랭클린의 후손이라며 자랑스러워하지만, 이런 일에 대해서는 주머니에 손을 넣고 앉아 아무것도 하지 않으면서 무엇을 해야 할지 모르겠다고 말한다. 그들은 심지어 인간의 자유에 대한 문제마저 자유 무역\* 문제 다음으로 미루어 버린다. 그리고 저녁을 먹고 난 뒤 신문에서 시세표와 멕시코의 최근 뉴스를 읽다가 그 신문에 엎드려 잠든다.

■ **자유 무역** 국가가 외국 무역에 아무런 간섭이나 보호를 하지 않고 관세도 매기지 않으며 각 개인의 자유에 맡겨 하는 무역.

## 자유, 정의 그리고 이익

소로는 '절대적으로 선한 사람'은 효모와 같다고 했어요. 효모는 빵, 맥주, 포도주와 같은 음식을 만드는 데 쓰이는 미생물이에요. 효모로 발효시켜 구운 빵은 부드럽고 말랑해서 먹기가 좋답니다. 빵을 먹기 좋게 만드는 이 효모처럼 '절대적으로 선한 사람'이 사회를 살기 좋게 만든다는 말이지요. 그래서 소로는 적은 수일지라도 그런 존재가 있다는 사실이 중요하다고 말합니다.

미국인들이 자랑스럽게 생각하는 조지 워싱턴과 벤저민 프랭클린은 어떤 사람일까요?

> 어딘가에 절대적으로 선한 사람이
> 존재하는 것이 중요하다.
> 그 사람이 전체를 발효시킬 효모이기 때문이다.

워싱턴은 제1대 미국 대통령으로 미국 역사에서는 건국의 아버지라 이릅니다. 워싱턴은 미국 독립 전쟁 당시 대륙군 총사령관으로서 영국에 맞서 싸웠어요. 자유와 정의를 얻기 위한 싸움에서 미국은 마침내 독립을 쟁취합니다.

프랭클린은 미국 독립 전쟁 당시 독립 선언서를 만든 다섯 명 가운데 한 사람이에요. 프랭클린은 정치가일 뿐만 아니라 번개가 전기라는 사실을 밝혀낸 과학자이자 피뢰침을 만든 발명가입니다. 여러 분야에서 활약한 프랭클린은 진취적인 실용주의자로서 미국의 정신에 가장 어울리는 사람이지요.

미국인들은 워싱턴과 프랭클린을 존경한다면서 정작 자

**벤저민 프랭클린과 조지 워싱턴**

신들은 하루하루 자잘한 일상에 파묻혀 살아갑니다. 자유나 정의보다는 눈앞에 놓인 이익을 챙기는 데 더 관심을 가지고서 말이에요. 소로는 사회 문제에 무관심한 시민들이 안타까웠습니다.

**투표**

## ˹ 투표에 대한 착각 ˺

　오늘날 정직한 사람과 애국자의 값은 얼마인가? 사람들은 망설이고 후회하고 가끔 청원도 한다. 하지만 제대로 효과를 거둘 만한 일은 아무것도 하지 않는다.

　그들은 남들이 악을 몰아내어 더 이상 자신이 후회할 일이 없을 때까지 얌전히 기다릴 것이다. 기껏해야 선거 때 값싼 표 한 장 던지고 정의에 운이 따르기를 기원하며 미지근한 지지를 할 것이다. 남의 물건을 보관해 주는 사람보다 물건 주인을 만나서 이야기하는 것이 더 쉽듯, 덕이 있는 자를 따르는 999명의 후원자보다는 덕이 있는 자가 더 중요하다.

게다가 정의 편에 투표한다고 해서 정의가 이루어지지는 않는다. 그저 투표는 정의가 이기기를 바라는 당신의 기대를 희미하게 보여 줄 뿐이다. 현명한 사람은 정의를 운에 맡기지도 않으며, 정의가 다수의 힘으로 실현되기를 바라지도 않을 것이다.

대중*이 하는 행동에는 덕이 별로 없다. 마침내 다수가 노예 제도 폐지를 위해 투표하게 된다면 그들이 노예 제도에 무관심해졌거나 투표로 폐지될 만한 노예 제도가 별로 안 남았기 때문일 것이다. 그러면 그들만이 노예로 남게 될 것이다. 투표를 통해 자신의 자유를 주장하는 사람이 던진 표만이 노예 제도 폐지를 앞당길 수 있다.

■ **대중** 대량 생산·대량 소비를 특징으로 하는 현대 사회를 구성하는 대다수의 사람.

# 투표와 정의 실현

투표는 민주주의를 잘 보여 줄 수 있는 정치 행위 가운데 하나입니다. 투표를 통해 국민이 자신이 가진 권리를 행사하기 때문이지요. 투표 제도에서는 표를 많이 받은 사람이나 의견을 선택하게 됩니다. 그러나 문제는 다수 의견이 늘 옳은 것만은 아니라는 사실이에요. 또 투표 제도는 얼핏 공정해 보이지만 얼마든지 권력에 이용당할 수 있어요. 투표하는 과정에서나 개표할 때 불법이 저질러지기도 하거든요. 이를 위해 여러 가지 감시 장치를 마련해 두었지만 선거가 끝나면 늘 공정성 시비가 일곤 한답니다.

> **❝**
> 덕이 있는 자를 따르는
> 999명의 후원자보다는
> 덕이 있는 자가 더 중요하다.
> **❞**

소로는 투표하는 행위에 대해 그다지 좋은 평가를 주지 않았어요. 정의는 투표만으로는 이룰 수 없다고 생각했기 때문이에요. 사람들은 평소에는 정치에 무관심하고 정의를 위해 어떤 행동도 하지 않다가 어쩌다 한 번 있는 선거에서 달랑 표 하나 던지는 것으로 시민의 임무를 다했다고 생각하거든요. 정의가 이기기를 바라고 투표한다고 해도 투표 결과 정의가 진다면 정의는 실현되지 않습니다.

소로는 투표를 도박이라고도 했습니다. 투표는 결과를 쉽게 짐작할 수 없을 뿐만 아니라 늘 자기가 바라는 결과를 얻을 수 있는 것도 아니기 때문이에요.

**원칙과 도리**

## 〔 정의를 실행하기 위한 행동 〕

 물론 어떤 악의 뿌리를 뽑기 위해 자신을 던지는 것이 인간의 의무는 아니다. 심지어 그것이 엄청난 악일지라도 그렇다. 인간에게는 그 밖에도 신경 써야 할 일이 많다. 그러나 적어도 인간이 악에서 손을 떼야 하는 것은 의무다. 인간이 악에 대해 더 이상 생각하지 않는다면 그것이 바로 악을 지원하지 않는 것이다.

 어떤 일이나 계획에 이바지하고 있다면 자신이 다른 사람 어깨에 올라앉아 그를 괴롭히고 있는 것은 아닌지 살펴야 한다. 그렇다면 먼저 그 사람 어깨에서 내려와야 한다. 그 사람도 자신이 가진 계획을 추진할 수 있도록 말이다.

사람들이 얼마나 모순˙ 덩어리인지 보라. 나는 어떤 사람이 이렇게 말하는 것을 들은 적이 있다. "나더러 노예 폭동을 진압하러 가라거나 멕시코 전쟁에 나가라고 해 보라지. 내가 가나 봐라."

그러나 이런 사람들은 직접적으로는 자신이 가진 충성심으로, 간접적으로는 돈으로 자신을 대신할 군인을 보낸다. 그 군인은 부당한 전쟁에 나가지 않겠다는 이들에게 칭송을 받는다. 또 그 군인은 자신이 무시하고 신경도 쓰지 않는 행동을 하고 그런 권력을 갖고 있는 이들에게서도 박수를 받는다. 정부는 죄를 짓는 동안 자신에게 채찍질할 사람을 두는 정도로만 참회를 할 뿐 그것이 한순간도 죄에서 벗어나는 수준은 아니다.

사람이 어떻게 의견을 갖는 것만으로 만족하고 그것을 즐

■ **모순** 어떤 사실의 앞뒤, 또는 두 사실이 이치상 어긋나서 서로 맞지 않음을 이르는 말. 중국 초나라 상인이 창과 방패를 팔면서, 창은 어떤 방패로도 막지 못하는 창이라 하고 방패는 어떤 창으로도 뚫지 못하는 방패라 하여, 앞뒤가 맞지 않은 말을 했다는 데서 온 말이다.

길 수 있는가? 자기가 가진 그 의견이 억눌린다면 어떻게 즐길 수 있겠는가?

　만일 당신이 이웃에게 단 1달러라도 사기를 당했다면 당신은 속았다는 것을 아는 것만으로 만족하지 않을 것이다. 또는 당신이 사기당했다고 말하는 것만으로 또는 그에게 당신 돈을 돌려 달라고 호소하는 것만으로 만족하지 못할 것이다. 당신은 돈을 한 번에 돌려받기 위해 알맞은 조치를 취할 테고 다시는 사기당하지 않도록 주의할 것이다.

　정의를 실현하기 위해 원칙에 따라 하는 행동은 사물을 변화시키고 관계도 변화시킨다. 그것은 본질적으로 혁명적이며 이전에 있던 어떤 것과도 전혀 일치하지 않는다. 그것은 국가와 교회를 분리하고 가족도 갈라놓는다. 그렇다. 한 개인조차도 분열시켜 그 사람 안에 있는 신에서 악마성을 분리해 낸다.

# 실천만이
# 변화를 가져온다

 전쟁에 나가지 않겠다고 큰소리치는 사람 이야기를 볼까요? 그들은 자신이 낸 세금이 전쟁터에 군인을 내보내는 데 쓰인다고 생각하지 못합니다. 하지만 세금을 낸다면 직접 전쟁에 나가지는 않더라도 전쟁에 참여하게 되는 셈이지요.

 자신이 직접 잘못을 저지르지 않더라도 잘못하는 것을 보고도 그냥 지나치거나 잘못된 일인 줄 알면서도 도와준다면 그것은 잘못을 저지르는 것이나 마찬가지입니다. 그런 경우에 벌을 주는 법도 있어요. 그러면 국가에서 옳지

> 정의를 실현하기 위해
> 원칙에 따라 하는 행동은
> 사물을 변화시키고 관계도 변화시킨다.

않은 일을 하면 어떻게 해야 할까요? 소로는 국가가 잘못을 저지른다고 해도 그냥 지나치면 안 된다고 했어요. 소로는 시민들이 내는 세금으로 정부가 잘못된 일을 한다면 그것은 세금을 내는 사람이 잘못을 저지르는 것과 마찬가지라고 보았습니다.

소로는 어떤 잘못을 바로잡으려면 생각만으로는 안 되고 행동을 해야 한다고 말했습니다. 사람들은 말로는 노예제에 반대하고 전쟁이 싫다고 하지만 실제로 행동하는 것은 없었어요. 머리로 아무리 그것이 잘못되었다고 생각해도 잘못된 현실은 달라지지 않지요. 행동만이 현실에 변화를 줄 수 있습니다.

소로는 자신이 말한 것을 실천에 옮기려고 노력했어요. 자신의 신념에 따라 노예제 폐지 운동에 함께했지요. 소로는 노예제 반대 집회에서 노예제를 비판하는 연설도 했습니다.

한번은 도망친 노예가 소로 집에 숨어든 적이 있었어요. 도망친 노예를 도와주는 일은 매우 위험한 일이었지만, 소로는 아랑곳하지 않고 지친 노예를 정성껏 돌봐 주었습니다. 노예에게 먹을 것을 주고 퉁퉁 부은 발을 씻어 주었지요. 노예 사냥꾼이 들이닥칠지 몰랐기 때문에 불안에 떠는 노예를 안심시키며 곁을 지켰습니다. 날마다 거르지 않고 다니던 산책도 하지 않고 말이지요.

1859년에는 소로가 존경해 마지않는 노예제 폐지 운동가 존 브라운이 체포되어 사형 선고를 받는 일이 일어났어요. 언론에서는 브라운을 비난하는 말들이 빗발쳤어요. 거센 비난 앞에 노예제 폐지 운동을 하던

존 브라운

사람들이 많이 위축되었지요. 그때 소로가 가장 먼저 나서서 브라운을 옹호하는 연설을 했습니다.
  소로가 열심히 구명 활동을 했지만, 브라운은 선고대로 사형을 당하고 말았어요. 하지만 소로는 이런 실천을 통해 불의에 항거하는 굳은 의지를 다졌습니다.

## 법과 불의

### 법보다 정의

    만약 불의가 정부라는 기계에 필요한 마찰이라면 내버려 두라. 정부라는 기계는 매끄러워질 것이고 닳고 닳을 것이다. 그런데 만일 그 불의가 스프링, 도르래, 줄 같은 부품을 가지고 있다면 고치는 것이 나을지 놔두는 것이 나을지 따져 봐야 한다.

    그러나 그 불의가 당신더러 옳지 않은 일을 하라고 한다면 그때는 나는 말하겠다, 법을 어기라고. 당신 삶이 불의를 저지르는 기계를 멈추게 하는 반대 마찰이 되게 하라. 내가 해야 할 일은 내가 비난하는 잘못된 일에 나를 빌려주지 않는 일이다.

악을 없애기 위해 정부에서 방법을 마련해야 한다고 하는데, 나는 반대한다. 그렇게 하면 너무 오래 걸린다. 그동안 사람들 목숨이 사라질 것이다.

나는 다른 일을 해야 한다. 나는 살기 좋은 곳으로 만드는 것이 먼저가 아니라 좋든 나쁘든 이곳에서 살아가기 위해 이 세상에 왔다. 한 사람이 모든 일을 다 해야 하는 것은 아니다. 그렇기 때문에 옳지 않은 일을 해야 할 필요는 없다.

나는 주저하지 않고 말한다. 스스로 노예제 폐지론자라 하는 사람들은 사람으로나 재산으로나 매사추세츠주 정부를 지원하는 일을 바로 그만두어야 한다고. 자신들이 정의를 얻어 내는 고통을 겪지 않고, 그저 자신들이 다수가 될 때까지 기다리기만 해서는 안 된다고.

그들이 신을 자기들 편에 두었다면 다른 사람을 기다릴 필요가 없다고 생각한다. 게다가 어떤 사람이든 자신이 이웃들보다 옳다면 그는 이미 '한 사람으로서의 다수'를 이룬 것이다.

# 흑인 노예 제도라는 불의

때때로 나는 우리 미국인이 흑인 노예 제도라고 하는 야비하고 외래적인 제도에 빠져 있을 만큼 천박한 국민인 것에 놀라움을 금치 못한다.
- 《월든》

소로가 살던 때는 흑인 노예 제도가 있던 시대였어요. 미국의 흑인 노예 제도는 그 역사적 뿌리가 깊습니다. 아프리카 흑인들은 아메리카 대륙에 처음 발을 디딜 때부터 노예 신분이었어요. 당시 미국인들은 그들이 그저 노예일 뿐

> **"**
> 당신 삶이
> 불의를 저지르는 기계를 멈추게 하는
> 반대 마찰이 되게 하라.
> **"**

자신들과 같은 인간이라고 생각하지 않았습니다. 이런 생각은 흑인 노예 제도를 무려 200여 년이나 이어지게 한 밑바탕이 되었어요. 그런 만큼 노예제를 없애자는 주장은 놀라운 것일 수밖에 없었지요. 노예가 없는 생활은 상상조차 못 하는 사람들이었으니까요.

뜻있는 이들은 노예제 폐지를 부르짖었지만, 여전히 많은 흑인이 노예제 아래서 고통스러운 삶을 살아가고 있었어요. 그들을 해방하기 위한 노예제 폐지 운동이 1820년에 일어나기 시작했습니다. 남부에 비해 노예의 수가 적은 북부를 중심으로 펼쳐졌지요.

흑인 노예들도 인간의 존엄성을 지키고자 크고 작은 저

열세 번 여행해서 70여 명을 탈출시킨
'지하 철도'의 활동가 해리엇 터브먼

항을 했습니다. 그러나 그럴 때마다 무자비하게 진압되었어요. 죽음을 무릅쓰고 탈출을 시도하는 노예들도 꾸준히 생겨났지요.

1850년대에는 '지하 철도'라는 비밀 결사가 활발하게 활동하면서 흑인 노예들을 미국 북부, 캐나다, 멕시코 지역으로 탈출하도록 도왔어요. 노예제 폐지를 주장하는 운동가들은 '미국 노예제 폐지 협회'를 만들어 신문이나 잡지에 글을 싣고 연설을 하며 자신들의 주장을 펼쳤습니다.

온갖 노력에도 흔들림이 없던 흑인 노예 제도는 남부와

북부가 경제적인 이해관계로 남북전쟁을 벌인 가운데 대통령인 에이브러햄 링컨의 '노예 해방 선언'으로 사라지게 됩니다. 안타깝게도 소로는 노예 제도가 폐지되기 전에 세상을 떴기 때문에 자신의 바람이 이루어진 세상을 보지 못했답니다.

공직자

## { 싸울 대상은 사람 }

나는 1년에 한 번 세금 징수원을 통해 미국 정부˙나 그 대리인인 주 정부를 직접 만난다. 나처럼 정부를 만나야 할 처지에 있는 이에게는 유일한 방식이다. 정부는 또렷하게 말한다. "나를 인정하라"고.

정부에 만족하지 못하며 정부를 사랑하지도 않는다고 표현하는 것은 정부를 부정하는 것이다. 지금 정부를 대하려면 어쩔 수 없이 해야 하는 가장 간단하면서도 효과적인 방

■ **정부** 입법, 사법, 행정의 삼권을 포함하는 통치 기구를 통틀어 이르는 말.

법이다.

우리 이웃인 세금 징수원은 내가 대해야 할 사람이다. 내가 싸울 대상은 양피지로 된 문서가 아니라 자발적으로 정부의 대리인이 된 사람이다.

매사추세츠주에서 내가 이름을 아는 천 명, 백 명, 열 명, 아니 정직한 사람 한 명이라도 노예 제도에 협력하기를 멈추고 노예를 두지 않겠다고 해서 주 감옥에 갇힌다면 미국에서 노예 제도는 폐지될 것이다.

시작이 보잘것없다고 해서 문제될 것은 없다. 한번 잘된 일은 영원히 하게 된다. 그러나 우리는 말하는 것만이 전부인 양 노예 제도 폐지에 대해 토론만 하고 있다.

## 저항을 시작하다

소로가 정부의 존재를 확인하게 되는 때는 바로 세금을 낼 때였습니다. 지금은 세금 고지서가 있어서 세금을 내는 사람이 은행을 통해 내거나 노동자의 급여에서 떼어 가지만 예전에는 세금 징수원이 있어서 걷으러 다녔어요.

세금 징수원은 흔히 성경이나 문학 작품에서 '세리'라고 나오는 사람들입니다. 세리들은 일정한 구역을 맡아서 집집마다 세금을 걷으러 돌아다녔어요. 18세기 말 미국 기록으로 보면 세금 징수 책임자는 자기 구역에서 걷는 세금 가운데 1퍼센트를, 세금 징수원은 5퍼센트를 자기 몫으

> **시작이 보잘것없다고 해서 문제될 것은 없다.
> 한번 잘된 일은 영원히 하게 된다.**

로 가져가고 나머지 94퍼센트를 나라에 냈습니다. 따라서 세금을 많이 걷으면 자기 몫으로 가져가는 돈이 많아지는 것이었지요.

 더 걷으려는 자와 덜 내려는 자의 관계였으니 세금 징수원과 세금을 내야 하는 시민들 사이가 좋기 어려웠겠지요. 세금에 대한 저항이 일어나면 가장 먼저 공격을 받는 부류가 바로 세금 징수원들이었습니다.

 무거운 세금에 분노한 사람들은 세금 징수원을 붙잡아 머리털을 깎거나 타르(목탄이나 석탄을 가열할 때 생기는 기름 상태의 끈끈한 검은 액체)를 묻힌 깃털을 붙이는 식으로 모욕을 주었습니다. 심지어 세금 징수원들의 집을 부수거

타르와 깃털을 들고 세금 징수원을 쫓아가는 농부

나 불을 지르기도 했어요.

소로는 세금 자체에 불만이 있던 것은 아니지만 세금을 안 내는 방법으로 정부에 저항했습니다. 자연히 세금 징수원과도 갈등을 겪었겠지요. 하지만 소로는 그 방법이 자신의 뜻을 분명히 전달할 수단이라고 여겼습니다.

## 감옥 ❶

### ╏ 불의에 저항하는
###   이들이 머무는 곳 ╏

    부당하게 사람을 가두는 정부 아래서 의로운 사람이 진정 머물 곳은 감옥이다. 지금 매사추세츠주가 더 자유*롭고 덜 절망에 빠진 영혼을 위해 마련해 놓은 곳도 감옥뿐이다.

    주는 법령에 따라 의로운 사람들을 추방하려고 감옥에 가두었지만, 그들은 이미 자신들의 원칙에 따라 스스로를 추방했다. 그리고 도망친 노예, 가석방된 멕시코인 죄수, 자기 종족이 당한 문제를 호소하려는 인디언이 의로운 사람

■ **자유** 법률의 범위 안에서 남에게 구속되지 아니하고 자기 마음대로 하는 행위. 자연 및 사회의 객관적 필연성을 인식하고 이것을 활용하는 일.

들을 찾아오는 곳이 감옥이다.

또한 감옥은 격리되어 있지만, 더 자유롭고 영예로운 곳이고, 주 정부를 따르지 않고 저항하는 이들이 있는 곳이며, 노예 제도가 있는 국가에서 자유로운 이가 명예롭게 머물 수 있는 유일한 집이다.

의로운 사람들은 이미 영향력을 잃었고, 그들 목소리는 더 이상 정부를 괴롭히지 못하며, 담장 안에 있으니 더 이상 장애가 되지 않을 거라고 생각하는 사람이 있다면, 그 사람은 진실이 오류보다 얼마나 힘이 센지 알지 못하는 것이다. 또 감옥 생활을 해 본 사람이 얼마나 설득력 있고 효과적으로 불의와 싸울 수 있는지도 알지 못하는 것이다.

종잇장 하나가 아니라 당신의 모든 영향력을 실어 온몸으로 투표하라. 소수가 다수를 따르는 동안에는 힘이 없다. 그 때는 심지어 소수라고 할 수도 없다. 그러나 소수가 온 힘을 다해 저항할 때는 억누르지 못한다. 의로운 이들 모두를 감옥에 가두거나, 전쟁과 노예 제도를 포기하는 것 가운데 한 가지를 택하라고 한다면 주 정부는 망설이지 않을 것이다.

# 불복종 저항 정신

소로가 나서 자란 곳은 미국 동부에 자리한 매사추세츠주입니다. 매사추세츠주는 미국이 만들어질 때 중심이 된 주예요. 주도는 보스턴이고 널리 알려진 하버드대학교와 매사추세츠주 공과 대학이 있는 곳이지요. 미국 독립운동의 불씨가 된 '보스턴 차 사건'이 일어난 곳이기도 합니다. 또 노예 금지 운동이 시작된 곳으로 남북 전쟁 때는 북부군의 중심지였습니다.

자유와 정의를 위해 싸워 온 역사를 가진 보스턴 분위기는 아마도 소로가 정부의 역할과 시민이 할 일을 고민하는

보스턴 차 사건(W. D. 쿠퍼 그림)

데 영향을 주었을 거예요.

잠시 미국이 영국으로부터 독립하게 된 과정을 볼까요?

영국에서 북아메리카 대륙으로 건너온 이주민들은 처음에는 영국의 지배를 받는 식민지 주민으로 살았습니다. 영국은 미국으로부터 일정한 세금을 받았지요.

영국은 프랑스와 식민지 영토를 둘러싸고 7년 전쟁을 치른 뒤 경제가 힘들어지자 식민지에서 거두어들이는 세금을 올리기로 합니다. 식민지를 위해 싸웠으니 전쟁 비용을 물려도 된다고 생각한 것이지요. 그러나 일방적으로 결

> **부당하게 사람을 가두는 정부 아래서
> 의로운 사람이 진정 머물 곳은 감옥이다.**

정하고 통보한 세금이 통할 리가 없었습니다. 바로 아메리카의 식민지 주민들이 저항했어요.

"대표 없이 과세 없다."

식민지 주민들이 주장한 이 구호는 오늘날까지도 조세의 원칙으로 통합니다. 자기들 대표가 정한 세금이 아니면 받아들이지 않겠다는 확고한 의지를 담은 말이지요. 바꾸어 말하면 식민지 주의 대표를 인정해 달라는 뜻이기도 합니다. 이를 계기로 식민지 대표들은 '대륙 회의'를 만들어 미국 독립운동을 이끌어 갔어요.

이런 미국 독립운동에는 소로가 말하는 불복종의 저항 정신이 담겨 있습니다.

#### 복종과 불복종

# ⸮ 멀고 험난한 불복종의 길 ⸯ

나는 내가 정부 보호 아래 있다고 생각하고 싶지 않다. 그러나 세금 고지서로 보여 주는 정부의 권위를 부정한다면 정부는 곧 내 재산을 모두 빼앗아 써 버리고 나와 우리 아이들을 끝없이 괴롭힐 것이다. 그러면 사람이 정직하게 살면 편안하게 살 수 없다는 결과를 만들어 힘들어진다.

재산을 모으는 것도 가치가 없을 것이다. 당신은 남의 땅을 잠시 빌리거나 허락받지 않고 남의 땅에 작물을 조금만 길러서 바로 먹어야 한다. 당신 스스로 살아가야 하고, 자신에 의지해야 하고, 언제든 바로 떠날 준비가 되어 있어야 하며, 많은 일을 벌이면 안 된다.

튀르키예 정부의 좋은 국민이 된다면 심지어 튀르키예에서도 부자가 될 수 있다. 공자는 "나라에 도가 있는데 가난하고 비참한 삶을 산다면 부끄러운 일이요, 나라에 도가 없는데 부와 명예를 가졌다면 부끄러운 일이다."라고 했다.

멀리 떨어진 남쪽 항구에서 내 자유가 위태로워져 매사추세츠주 보호의 손길이 필요해지거나, 평화로운 사업으로 재산을 쌓는 데 집중하게 될 때까지, 나는 매사추세츠주에 충성하기를 거부하고 내 재산과 목숨에 대한 주 정부의 권리를 거부할 수 있다.

주 정부에 복종*하는 것으로 치러야 할 대가가, 복종하지 않아서 받는 불이익보다 더 크다. 정부에 복종하게 된다면 나는 내 가치가 떨어진 것처럼 느끼게 될 것이다.

■ **복종** 남의 명령이나 의사를 그대로 따라서 좇음.

## 자신의 가치를 지키는 일

　소로에 대해 이야기할 때 빼놓을 수 없는 것이 월든 호수예요. 소로는 1845년 7월 4일, 문명을 벗어나 혼자 살기 위해 매사추세츠주 콩코드 숲으로 들어갑니다. 통나무를 베고 다듬어서 월든 호숫가에 오두막집을 짓지요. 가구라고는 달랑 침대 하나, 탁자 하나, 책상 하나, 의자 셋. 모두 소로가 직접 만든 것들이었어요.
　커튼은 달지 않았습니다. 해와 달 말고 누가 들여다볼 사람도 없거니와 해와 달이 들여다보는 건 영광이라고 생각했지요.

**월든 호수와 소로가 살았던 집**

　우리는 온갖 물건들에 둘러싸여 살고 있어요. 그 모든 것들이 생활에 필요한 것들이라고, 없어서는 안 될 것들이라고 생각하지만 여행을 떠나 보면 알게 됩니다. 살면서 꼭 필요한 것들은 그리 많지 않다는 것을 말이지요.

　소로는 그곳에서 자연과 더불어 노동하고 명상하고 글을 쓰며 온전한 자유인으로 살고자 했어요. 소로는 호숫가 오두막집에서 자유로운 생활을 마음껏 누립니다. 그렇게 2년 2개월을 월든 호숫가에서 살면서 쓴 책이 우리도 잘 아는 《월든》이에요. 소로는 《월든》 한 권으로 자연주의 사상

> **"**
> 정부의 권위를 부정한다면 정부는 곧 내 재산을
> 모두 빼앗아 써 버리고 나와 우리 아이들을
> 끝없이 괴롭힐 것이다. 그러면 사람이 정직하게 살면
> 편안하게 살 수 없다는 결과를 만들어 힘들어진다.
> **"**

가로 우뚝 서게 됩니다.

  소로는 자신이 옳다고 생각하는 가치를 지키고 싶어 했어요. 정부에 불복종함으로써 불이익을 받더라도 말이에요. 누구보다 자유의 가치를 중요하게 생각했던 소로가 다른 이들의 자유를 억압하는 노예 제도나 전쟁에 대해 모른 체할 수는 없었을 거예요.

  자신이 옳다고 생각하는 일을 위해 불이익도 마다하지 않고 저항하는 것, 이것이 소로가 지키고 싶어 한 자신의 가치일 것입니다.

### 세금

## 교회세를 안 내다

몇 년 전, 주 정부는 교회를 대신하여 내게 와서 목사에게 줄 지원금을 내라고 명령했다. 난 가지 않았지만, 우리 아버지가 가서 설교를 들은 적이 있는 어느 교회였다. 주 정부는 내게 "돈을 내든지 아니면 감옥에 가라."고 말했다.

나는 돈 내기를 거부했다. 그러나 불행히도 다른 사람은 그 돈을 내는 게 맞다고 보았다. 목사는 교사를 위해 세금을 내지 않는데 왜 교사는 목사를 지원하는 세금을 내야만

■ **세금** 국가 또는 지방 공공 단체가 필요한 경비로 사용하기 위하여 국민이나 주민으로부터 강제로 거두어들이는 금전.

하는지 나는 알 수가 없었다. 나는 주 정부에서 운영하는 학교 교사가 아니라서 자발적으로 내는 기부금을 받아 살았기 때문이다.

나는 왜 문화 회관은 교회처럼 자신을 위한 세금 청구서를 내지 않고, 정부에 지원을 요구하지 않는지도 알 수가 없다. 그러나 나는 마을 행정 위원들 요구에 따라 다음과 같은 글을 발표하기로 뜻을 굽혔다.

"나 헨리 데이비드 소로는 내가 가입하지 않은 어떠한 단체의 회원으로도 여겨지기 바라지 않는다는 사실을 모두에게 알린다."

나는 이 글을 읍 서기에게 주었고, 주 정부는 내가 그 교회 신도로 여겨지기 바라지 않는다는 것을 알았으므로, 그 뒤로는 내게 교회를 위한 세금 내라는 소리를 하지 않았다.

# 세금 이야기

　교회세는 종교 단체의 재원을 마련하기 위해 걷는 세금입니다. 소로가 살던 시대 미국에서도 교회에서 신자들에게 교회세를 받았어요. 소로는 이것을 못마땅하게 생각한 모양이에요.
　소로는 자기 형과 함께 학교를 세워 운영한 적이 있어요. 자발적인 기부금으로 재원을 마련해야 했으니 학교 살림을 꾸려 가기 어려웠겠지요. 또 늘 문화 회관에 정부 예산이 충분히 지원되지 않고 있다며 안타까워했어요. 그런 상황이니 자기가 다니지도 않는 교회에 세금을 내는 일이 달

세금을 내지 않기 위해 막은 창문

가울 리가 없지요.

지금도 독일, 이탈리아, 오스트리아, 스웨덴 같은 유럽 나라에는 교회세가 있어요. 교회세는 교회가 재정을 안정적으로 꾸려 가기에는 더없이 좋은 제도예요. 하지만 신자들이 세금을 내도록 하는 데 강제성을 띠기 때문에 반대하는 사람들도 있습니다.

역사적으로 보면 특이한 이름을 가진 세금들이 있습니다. 고대 로마 시대에 있던 전쟁세, 중세 유럽에 있던 결혼세와 사망세, 영국에 있던 창문세, 프랑스에서 받았던 화로

> **목사는 교사를 위해 세금을 내지 않는데
> 왜 교사는 목사를 지원하는 세금을 내야만 하는지
> 나는 알 수가 없었다.**

세 같은 세금들이지요. 특이한 이름이라고는 했지만 그런 세금들은 그때를 살던 민중의 피와 땀을 쥐어짠 경우가 많습니다.

  이런 세금들은 때로 지배층의 이익만을 위해 운영되어 민중의 불만을 사서 반란의 원인이 되기도 했어요. 단순히 세금이 없어지는 데 그치지 않고 더러는 혁명으로 이어져 정권이 바뀌기도 했지요. 그만큼 세금은 어느 시대든 중요하게 다루어야 할 과제였답니다.

**감옥 ❷**

## 가둘 수 없는 '나의 정신'

나는 6년 동안 인두세를 내지 않은 일로 감옥에 갇혀 하룻밤을 보내게 되었다. 두께가 60~90센티미터쯤 되는 단단한 돌벽, 두께가 30센티미터쯤 되는 나무와 쇠로 만들어진 문과 햇빛이 드는 쇠창살을 보니, 단지 나를 살과 피와 뼈만으로 이루어진 존재로 여겨 이곳에 가두기만 하면 된다고 생각하는 이 제도가 한심하다는 생각이 들지 않을 수 없었다.

주 정부는 나를 가두는 것만이 최선인 양 다른 식으로는 내 능력을 이용하려고 들지 않는 것 같았다. 나는 이 점이 이상하게 생각되었다. 나와 마을 사람들 사이에 돌벽이 있다면 나는 그 벽이, 마을 사람들이 나처럼 자유로워지기 전에는 기어오르거나 부수기가 더 어려운 벽이라는 걸 깨달았다.

　나는 잠시도 갇혀 있다는 느낌이 들지 않았다. 그래서 쓸데없이 벽을 만드느라 돌과 회반죽만 낭비한 것 같았다. 나는 우리 마을 사람 가운데 나만 세금을 낸 것 같은 기분이 들었다. 주 정부는 나를 어떻게 위협해야 하는지 제대로 알지 못하고 그저 점잖지 못하게 행동할 뿐이었다. 그들은 내가 오로지 감옥의 돌벽 밖으로 나가기만 바란다고 생각했기 때문에, 내게 온통 잘못된 위협과 칭찬을 늘어놓았다.

　허락을 얻거나 방해를 받지 않고 자신들을 따라 밖으로 나간 명상\*이야말로 진정으로 위험한 것들인지 모르고, 그들이 내 명상의 문만 부지런히 잠그는 것을 보면서 나는 웃을 수밖에 없었다. 그들은 나를 어찌할 수 없다는 생각이 들자 내 몸에 벌을 주기로 한 것 같다. 마치 벼르고 있던 상대에게 덤비지 못할 때, 대신 그의 개를 때리는 남자아이처럼

■ **명상** 고요히 눈을 감고 깊이 생각함. 또는 그런 생각.

말이다.

 이처럼 정부는 한 인간을 볼 때 겉으로 보이는 육체와 감각만을 볼 뿐 그의 지성이나 도덕성에 대해서는 굳이 들여다보려 하지 않았다. 정부는 물리적으로 더 강한 힘으로만 무장하고 더 나은 지혜나 정직성은 갖추지 않았다. 나는 강요당하려고 태어나지 않았다. 나는 내 방식으로 숨 쉴 것이다. 누가 더 센지 두고 보자.

## 감옥에서 세상에 던진 빛

　소로는 인두세를 내지 않았다고 감옥에 갇혔어요. 하지만 명상의 자유를 뺏기지 않는 한 소로에게는 그다지 문제될 것이 없었습니다. 소로는 평상시에 명상을 아주 중요하게 여겼어요. 명상으로 무장한 소로는 물리적인 힘만 가진 정부에 도전하기로 합니다. 정신이 위대한 사람은 육체가 억압받아도 결코 자신의 뜻을 굽히지 않을 수 있거든요.
　소로가 그랬던 것처럼 역사적으로 우리에게 널리 알려진 인물들 가운데서도 힘든 감옥 생활을 하면서 투지를 다져 세상에 빛을 던진 이들이 있답니다.

> 나는 강요당하려고 태어나지 않았다.
>
> 나는 내 방식으로 숨 쉴 것이다.
>
> 누가 더 센지 두고 보자.

대표적인 인물이 남아프리카 공화국 대통령을 지낸 넬슨 만델라입니다. 만델라는 인종 차별과 억압에 맞서 자유를 찾기 위해 투쟁하다 잡혀서 무려 27년 6개월을 감옥에서 보냈어요. 길고 긴 옥살이를 하면서도 만델라는 언젠가 세상에 다시 나갈 날을 기다리며 자신을 단련시켜 세계 인권 운동의 상징적 존재가 됩니다.

만델라를 보면 감옥이 오히려 한 인간의 저항 정신에 날개를 달아 준 셈이라는 생각이 들어요. 소로의 말대로 육신은 가둘 수 있어도 정신은 가둘 수 없기 때문입니다.

감옥에서 하루를 보낸 소로는 저항 사상을 더욱 굳건하게 다졌답니다.

## 인간의 본성

### ∫ 강요받지 않는 삶 ∫

다수가 가진 힘은 무엇인가? 나보다 더 높은 법을 따르는 자만이 내게 강요할 수 있다. 그들은 나더러 자신들 같은 사람이 되라고 강요한다. 나는 이런저런 식으로 살라고 다수에게 강요받은 사람 이야기를 들어 본 적이 없다. 그게 살아 있는 삶이겠는가?

"네 돈이 아니면 목숨을 내놓아라."고 말하는 정부를 만났을 때 내가 왜 서둘러 돈을 줘야 한단 말인가? 정부가 엄청나게 궁핍해져서 어찌해야 할지 모른다 해도 나는 정부를 도와줄 수 없다. 정부는 내가 한 것처럼, 스스로 해내야 한다. 징징대 봐야 아무 소용이 없다.

  사회라는 기계가 제대로 돌아가게 하는 것은 내 책임이 아니다. 나는 기술자 아들이 아니다. 도토리 한 알과 밤 한 알이 나란히 땅에 떨어졌을 때 어느 하나가 다른 것에게 길을 터 주기 위해 자라지 않고 멈춰 있는 것을 본 적이 없다. 둘 다 자기가 타고난 대로 싹이 트고 자라서 커질 만큼 커진다. 식물은 자신의 본성˚대로 살지 못하면 죽는다. 사람도 마찬가지다.

■ **본성** 사물이나 현상에 본디부터 있는 고유한 특성.

# 개인의 권리는
# 정부 권력보다 중요하다

"돈 아니면 목숨을 내놓아라."

보통 이렇게 말하는 사람을 강도라고 하지요. 소로는 마치 국가가 강도인 양 표현하고 있어요. 국가를 강도에 비유한 사람이 또 있어요. 소로처럼 매사추세츠주에서 태어나 변호사로 활동한 라이샌더 스푸너입니다. 소로보다 9년 먼저 태어난 스푸너와 소로가 서로 알고 지냈는지 기록은 없지만 두 사람의 생각은 비슷한 점이 많습니다.

스푸너는 무정부주의자이면서 자유주의자로, 개인이 가진 권리를 가장 중요하게 여겼어요. 스푸너는 평생을 개인

**라이샌더 스푸너와 존 브라운**

의 권리를 침해하는 정부와 권력에 맞서 싸운 인물입니다. 《노예 제도의 위헌성》을 써서 노예제 폐지 운동에도 앞장섰지요. 소로는 사형 선고를 받은 존 브라운을 위해 연설했고, 스푸너는 존 브라운을 구출할 계획을 세웠답니다.

앞에 말한 대로 국가를 강도라고 보는 시각은 스푸너의 주된 사상이었습니다.

스푸너는 "사람들이 모두 노상강도로부터 자기 재산을 지킬 자연권이 있는 것과 마찬가지로, 세금을 거두는 데 동의하지 않는 사람들도 세금 징수원으로부터 자기 재산

> **식물은 자신이 타고난 대로 살지 못하면 죽는다.
> 사람도 마찬가지다.**

을 지킬 자연권이 있다."고 주장했습니다. 여기서 말하는 자연권은 인간이 태어날 때부터 갖는 권리로 자신의 삶을 자유롭게 누리고 자기 재산을 자유롭게 관리할 권리 등을 말해요.

  소로와 스푸너, 누가 누구의 영향을 받았든 '동의하지 않은 세금을 내라고 하는 것은 강제로 빼앗는 것'이라는 생각은 같았습니다. 소로는 불의한 정부를 지지할 수 없으므로 세금을 낼 수 없다는 뜻을 분명히 밝히고 실천했습니다.

## 감옥에서 보낸 하룻밤

 감옥에서 보낸 밤은 매우 신기하고 흥미로웠다. 내가 들어갔을 때 셔츠 입은 죄수들이 문간에 서서 잡담하며 저녁 바람을 쐬고 있었다. 그러나 간수가 "자, 다들 들어가. 문 잠글 시간이야."라고 말하자 흩어졌고, 내 귀에는 그들이 자신의 방으로 돌아가는 발자국 소리가 들렸다. 간수는 나와 같은 방을 쓰게 된 사람을 '최고로 훌륭하고 영리한 사람'이라고 소개했다.
 문이 잠기자 그는 내게 모자를 어디에 걸지 알려 주고

한 달에 한 번씩 흰색 칠을 하는 그 방을 자기가 어떻게 관리했는지 말해 주었다. 그 감방은 적어도 이 마을에서 가장 하얗고, 가장 간단한 가구가 딸린, 가장 깔끔한 방일 것 같았다.

물론 그는 내가 어디서 왔으며 무엇 때문에 들어왔는지 알고 싶어 했다. 대답을 마친 뒤 그에게 어쩌다 들어오게 되었는지 물었다. 물론 나는 그가 정직한 사람일 것이라 집작했고 그를 믿었다.

"그들이 나더러 헛간에 불을 질렀다고 하는 거예요. 하지만 나는 절대로 하지 않았다고요." 하고 그는 말했다. 집작건대 그가 술 취해서 헛간에 자러 들어갔고 그 안에서 담배를 피우다가 불을 낸 것 같았다.

감방에서 하룻밤을 누워 있자니 마치 생각지도 않던 어느 먼 나라로 여행하는 것 같았다. 쇠창살 안에 있는 창문을 열어 놓고 잤더니 전에는 들어 보지 못한, 마을 시계 울리는 소리와 저녁 무렵 마을에서 나는 여러 가지 소리를 들었다. 마치 중세 마을을 보는 듯했다. 콩코드강이 라인

강으로 바뀌고 기사들과 성들도 눈앞을 지나갔다. 거리에서는 중세 시민들 소리가 들렸다.

아침에는 문에 나 있는 구멍으로 밥이 들어왔다. 작은 직사각형 모양 양철 그릇에 초콜릿 한 잔과 갈색 빵과 쇠숟가락이 놓여 있었다. 간수가 그릇을 가지러 왔을 때 내가 먹다 남긴 빵을 내보내려고 하자 감방 동료가 그 빵을 잡아채면서 점심이나 저녁으로 먹기 위해 남겨 놓아야 한다고 했다.

조금 뒤 그는 건초 작업을 하는 근처 들판으로 불려 나갔다. 그는 매일 그곳에 가서 정오가 될 때까지는 돌아오지 않는다고 했다. 그는 다시 나를 보게 될지 어떨지 모르겠다며 내게 작별 인사를 했다.

(어떤 이가 나 대신 세금을 내서) 감옥에서 나왔을 때 나는 젊을 때 들어가서 머리가 하애진 뒤에 나온 사람이 볼 만한 큰 변화가 마을 광장에 일어났다고 느끼지는 않았다. 하지만 마을과 주와 나라를 보는 내 시각에는 단순히 시간 때문에 생기는 변화보다 더 큰 변화가 일어났다.

나는 내가 살고 있는 이 주를 더욱 확실하게 보았다. 나는 내가 좋은 이웃과 친구들로서 얼마만큼 믿을 수 있는 사람들 사이에서 살고 있는지 보았다. 그들의 우정은 여름 날씨처럼 맑을 때만 반짝할 뿐, 옳은 일 하겠다고 적극적으로 나서는 사람은 없다. 편견과 미신으로 따지자면 중국인이나 말레이시아인 정도로 나와 다른 인종이다. 그들은 인류를 위해 희생하는 데 있어서 위험한 일은커녕 재산에 손해 가지 않는 일조차 하지 않는다.

다음 날 아침 감옥에서 풀려나서 집으로 가는 길에 우리 마을에서 가장 높은 언덕에 올랐다. 그곳에서 주 정부는 어디에도 보이지 않았다.

이것이 나의 감옥 이야기다.

공과 사

## 저항을 방해하는 일

나는 절대로 도로세 내기를 거부한 적이 없다. 나는 정부에 저항하는 국민으로 살고 싶은 만큼, 좋은 이웃도 되고 싶기 때문이다. 그리고 나는 교육 분야에서 동포를 가르치는 것으로 내 몫을 하고 있다.

나는 세금 고지서에 있는 특정한 항목 납부를 거부하는 것이 아니다. 나는 단지 정부에 충성하기를 거부하고 정부와 거리를 두고 싶을 뿐이다. 나는 정부가 사람을 사거나 사람을 쏠 총을 사지 않는 한 내 돈이 어떻게 흘러가는지 추적하지 않는다. 돈은 죄가 없으니까. 그러나 나는 내 충성심이 어떤 영향을 미치는지를 추적하는 데는 관심이 있다. 비록 내가 할 수 있는 만큼 정부를 이용하고 혜택을 누리겠지만, 나는 내 방식으로 정부와 전쟁을 치를 것이다.

만일 다른 누군가 정부 뜻에 따라 내 앞으로 나온 세금을 대신 낸다면, 그는 자신의 세금을 낼 때 이미 저지른 일을 또 저지르는 것이다. 어쩌면 정부가 요구하는 것 이상으로 큰 불의를 저지르게 될 것이다. 그들이 한 개인에게 나온 세금에 잘못된 관심을 기울여 재산을 보호해 주기 위해 혹은 감옥 가는 것을 막기 위해 대신 세금을 내는 것은, 자신들의 사사로운 감정이 공공선*을 얼마나 해치는지 깊이 생각해 보지 않았기 때문이다.

이것이 현재 내 입장이다. 그러나 이런 경우 자신의 행동이 고집이나 다른 이의 주장에 대한 지나친 편견을 갖지 않도록 경계해야 한다. 자신이 해야 할 일을 꼭 해야 하는 시점에 행동하도록 하라.

■ **공공선** 개인을 위한 것이 아닌 국가나 사회, 또는 온 인류를 위한 선.

# 불평의 씨앗, 인두세

 소로가 인두세를 안 내서 감옥에 갇혔다는 이야기는 앞에서 보았습니다. 소로가 인두세를 내지 않은 것은 정부에 저항하는 방법이었어요. 그러니 누군가 소로 대신 세금을 낸다면 그런 소로의 뜻을 거스르는 셈이 되겠지요.
 소로는 세금 자체에 불만이 있어서 세금 내기를 거부한 것은 아니지만 세금, 그 가운데 특히 인두세는 조세 저항을 불러온 세금입니다. 그럼 인두세가 무엇인지 알아볼까요?
 인두세는 성별, 신분, 소득과 관계없이 성인에게 똑같이 매긴 세금이에요. 사람 수에 따라 간편하게 거둘 수 있어

> 나는 정부가 사람을 사거나 사람을 쏠 총을 사지 않는 한 내 돈이 어떻게 흘러가는지 추적하지 않는다.
> 돈은 죄가 없으니까.

서 아주 오래전부터 써 온 세금 제도랍니다. 부자나 가난한 사람이거나 같은 금액이 부과되었기 때문에 가난한 사람들에게는 부담스러운 존재였어요.

　14세기 후반에 영국에서 일어난 와트 타일러 농민 반란이 인두세 때문에 일어났을 만큼 인두세는 불평의 씨앗이었습니다. 미국에서는 인두세를 내는 사람에게만 투표권을 주는 방식으로 투표권을 제한했어요. 노예 상태를 막 벗어난 흑인과 가난한 백인은 인두세를 낼 만한 능력이 없었기 때문에 투표를 할 수 없었지요.

　가난한 사람들을 옥죄며 사회에 불평등을 낳던 인두세는 18, 19세기에 대부분 사라졌습니다.

**와트 타일러의 난 때 농민군을 만난 리처드 2세**
(장 프루아사르 그림)

친척이 세금을 대신 내는 바람에 하룻밤 감옥 생활로 소로의 저항은 끝이 났습니다. 하지만 소로는 이때 경험을 가지고 시민 저항에 대한 연설을 하고 글을 썼어요. 새로운 저항이 시작된 것이지요. 나중에 이 글은 《시민 정부에 대한 저항》이라는 이름으로 발표되어 오늘날까지도 시민운동 정신의 밑바탕이 되고 있습니다.

**애국**

## 나는 왜 저항하는가?

나는 가끔 생각한다.

'이 사람들은 좋은 사람들이다. 단지 어떻게 하는지 모르고 있을 뿐, 어떻게 할지만 안다면 더 잘할 것인데, 왜 내 이웃이 나를 달갑지 않게 대하도록 괴로움을 주는가?'

그러나 나는 다시 생각한다.

'이것이 내가 그들처럼 행동해야 한다거나 또 다른 사람들이 다른 종류의 더 큰 고통을 받도록 내버려 둘 이유가 되지는 못한다.'

다시 나는 가끔 자신에게 말한다.

'수많은 사람이 차분하게 악의 없고 어떤 사사로운 감정도 없이 네게 돈 몇 실링만 달라고 한다. 그들이 요구를 무르거나 바꿀 가능성은 없다(그런 것이 법이다). 그렇다고 네가 다른 수많은 사람에게 호소할 것도 아니면서 왜 이 엄청난 야수의 힘 앞에 너를 내놓으려 하는가. 너는 추위와 굶주림, 바람과 파도에는 이처럼 고집스럽게 저항하지 않는다. 너는 불길 속으로 머리를 들이밀지는 않는다.'

그러나 이것이 모두 야수의 힘은 아니고 부분적으로는 인간의 힘이라 여겨진다. 단순히 야수나 무생물인 것들이 아니라 사람 사이에서 비롯된 일인 만큼 호소할 수 있다고 생각한다.

무엇보다 정부에 저항하는 것과 순수하게 야수적인 힘이나 자연의 힘에 맞서는 것에는 다음과 같은 차이가 있다. 나는 오르페우스처럼 바위, 나무, 짐승의 본성을 변화시키지는 못하지만, 정부에 대해서는 효과적으로 저항할 수 있다.

나는 어떤 개인이나 국가와도 싸우고 싶지 않다. 나는 시시콜콜 따지고 다른 점을 찾아내고 내가 이웃보다 더 낫다고 내세우고 싶지도 않다. 나는 오히려 법\*을 따를 구실을 찾는다. 나는 그 법을 따를 준비가 되어 있다. 나 스스로를 의심할 정도로 말이다. 해마다 세금 징수원이 오면 나는 법을 따를 명목을 찾기 위해 정부가 취한 조치와 입장, 국민의 기본 정신을 살펴본다.

■ **법** 국가의 강제력을 수반하는 사회 규범.

# 실천하는 사람, 소로

어느 시대나 권력에 저항하는 사람들이 있었습니다. 대개 부당한 권력으로부터 압박을 받는 사람들이 자신의 권리를 찾고자 저항을 했지요. 더러 자신이 권력을 차지하고자 권력에 도전하는 무리도 있었습니다. 그래서 뭇사람들은 저항하는 사람들이 권력에 욕심이 있어서 나선 것으로 오해하기도 해요.

더러는 자기한테 닥친 일이 아닌데도 불의를 보고 지나칠 수 없어서 행동에 나서는 사람들도 있어요. 소로도 그런 사람이었습니다. 소로는 자신이 노예 제도를 유지하고

> **나는 오르페우스처럼
> 바위, 나무, 짐승의 본성을 변화시키지는 못하지만,
> 정부에 대해서는 효과적으로 저항할 수 있다.**

다른 나라를 침략하는 나라의 국민이라는 것이 부끄러웠어요. 그래서 자신만의 방법으로 시민 저항을 생각하고 실천했습니다. 으레 그렇듯이 실천에는 따르는 사람이 있어야 해요. 그래야 변화를 이끌어 낼 수 있으니까요.

 소로는 자신의 생각에 주변 사람들이 왜 동조하지 않는지 궁금했던 모양이에요. 처음에는 단지 그들이 잘 몰라서 불의를 느끼지 못하는 거라고 이해하려고도 해 봅니다. 그러다가 자기가 그들에게 행동을 하도록 부담을 주고 있는 것은 아닌지 갈등을 느끼는 것처럼 보이기도 합니다.

 타협하지 않고 자신의 주장을 굽히지 않으며 친절하게 설명하지도 않는 소로를 실제로 오해하는 사람도 더러 있었어

랠프 월도 에머슨

요. 그러나 소로가 정의를 향해 꾸준히 나아가며 실천하는 모습을 보면서는 생각을 바꿀 수밖에 없었답니다. 나중에 마을 사람들 가운데 몇몇은 소로에 대해 "우리가 해야 할 말을 대신해 줄 수 있는 사람"이라고 말하기도 했어요.

　소로가 세상을 뜰 때까지 곁에서 지켜본 에머슨은 자신과 소로가 다른 점에 대해 이렇게 이야기합니다. 소로와 자신은 정신은 같았지만, 소로는 그것을 실천하여 보여 주었다고 말이에요.

## 18
### 국가와 국민 ❷

## ᔧ 소로가 꿈꾼 나라 ᔨ

　나는 나보다 나은 사람에게 기쁘게 복종할 것이고 심지어 나보다 못하더라도 따를 것이기 때문에 내가 정부를 기꺼이 따르려고는 하지만 정부는 여전히 순수하지 못하다. 엄밀히 말하자면 정부는 국민의 승인과 동의를 받아야 한다. 정부는 내가 허용한 것 말고는 나 개인*이나 재산에 대한 권리를 가질 수 없다. 전제 군주제에서 입헌 군주제로, 입헌 군주제에서 민주주의로 나아간 과정은 곧 개인을 진정으로

■ **개인** 국가나 사회, 단체 등을 구성하는 낱낱의 사람.

존중해 가는 과정이었다. 중국 철학자도 개인을 제국의 기본으로 여길 만큼 현명했다.

우리가 알고 있는 민주주의가 정부가 발전할 수 있는 마지막 단계일까? 인간의 권리를 인정하고 조직화하는 방향으로 한 걸음 더 나아갈 수는 없을까? 국가는 개인이 더 높고 독립된 힘이라는 것을 인정해야 한다. 국가는 자신이 가진 힘과 권위를 개인으로부터 부여받았다는 것을 인정하고, 개인에게 그에 따른 대접을 해야 한다. 그렇게 될 때까지는 진정 자유롭고 개화된 국가가 나올 수 없을 것이다.

마침내 모두에게 공정하고 이웃으로서 개인을 존중하고, 심지어 소수가 국가에 냉담하고 간섭도 받지 않고 국가를 받아들이지 않더라도 이웃과 동포에 대한 의무는 다하는 나라를 상상하니 즐겁다. 이렇게 맺은 열매가 쑥쑥 자라 떨어지는 것을 겪으면서 국가는 더 완벽하고 영광스러운 국가, 내가 상상해 온, 아직은 어디에서도 보지 못한 그런 국가를 위한 길을 마련할 것이다.

# 억압받지 않는
# 개인을 위하여

　오래전부터 사람들은 이상적인 세상을 꿈꿔 왔습니다. 이상적인 세상이란 바로 사람이 사람답게 살아갈 수 있는 세상이지요. 사람답게 사는 게 무엇인지에 대해서는 저마다 생각들이 달랐어요. 또 사람답게 살려면 어떻게 해야 하는지에 대한 생각들도 달랐습니다. 심지어는 어떤 이들을 사람으로 볼 것인가에 대해서도 생각이 달랐습니다. 아주 오래전에는 여자와 노예를 성인 남자와 같은 사람으로 생각하지 않던 때가 있었어요.
　우리가 살아온 역사는 이런 생각들이 행동으로 서로 부

> **국가는 자신이 가진 힘과 권위를
> 개인으로부터 부여받았다는 것을 인정하고,
> 개인에게 그에 따른 대접을 해야 한다.**

딪히고 합치고 다투면서 이루어 온 시간입니다. 소로는 이 모든 것들의 한가운데에 '사람', 개인이 있다고 생각했습니다. 어떤 경우에도 개인이 가진 고유한 가치와 자유를 해치는 것은 옳지 않다고 보았어요. 정부라고 할지라도 개인을 존중하지 않는다면 존재할 이유가 없다고 생각했지요.

우리는 다음과 같은 것들을 자명한 진리라고 생각한다. 즉 모든 사람은 평등하게 태어났으며, 생명과 자유와 행복 추구 같은, 빼앗을 수 없는 권리들을 창조주로부터 부여받았다. 이러한 권리들을 지키기 위하여 정부가 만들어진 것이며, 정부의 권력은 통치를 받는 국민들이 동의함으로써 나오는 것이다. 언제 어떤 형태의 정부라도 이러한 목적들을 깨뜨린다면, 그 정부를 바꾸거나 없애고 새로운 정부를 세우는 것이 민중들의 당연한 권리다.
- '미국 독립 선언서' 중에서

소로가 생각하는 정부는 개인에게 간섭하거나 개인을 억압하지 않으면서 모든 사람에게 공정한 정부였습니다. 물론 그런 개인도 이웃이나 주변 사람들에게 피해를 주면 안 된다는 당부도 잊지 않았지요.

모든 개인이 각자가 지닌 능력과 조건에 따라 자유롭게 사는 나라.

소로가 생각하는 그런 나라를 오늘을 살아가는 우리가 만들어야 하지 않을까요?

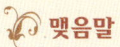 맺음말

## 소로가 우리에게 남긴 것

　소로의 불복종 정신은 여러 사람에게 영향을 주면서 더욱 발전하여 지금까지 이어집니다. 앞에서 말한 러시아의 문학가이자 사상가인 톨스토이, 인도의 독립운동가 간디는 물론이고 1950년대 미국에서는 마틴 루서 킹이 흑인 인권을 위해 이 불복종 정신으로 투쟁했어요.

　그리고 오늘날 불복종 운동은 나라마다 시민운동의 한 방식으로 자리 잡았어요. 우리나라에서는 1986년에 벌인 TV 시청료 거부 운동을 꼽을 수 있어요. 지나친 왜곡, 편파 방송에 항의하는 의미로 시청료를 내지 않겠다고 한 운동이었지요. 비록 시청료 폐지에까지는 이르지 못했지만, 언론을 감시하는 시민의 힘을 충분히 보여 준 저항이었답니다.

중국에서 일어난 '우산 혁명'도 불복종 운동으로 꼽을 수 있습니다. 2014년, 홍콩의 대학생과 중·고등학생이 홍콩 행정 장관을 직선제 선거로 뽑을 것을 요구하며 휴업하고, 시위했어요. 경찰은 최루탄을 쏘며 시위대를 진압하려고 했고 시위대가 이를 우산으로 막았습니다. 10만여 명이 모인 시위는 '우산 혁명'이라는 이름을 얻으며 세계인의 관심을 끌었어요. 안타깝게도 시위는 실패로 돌아갔지만, 홍콩 젊은이들의 정치의식을 깨워 민주화에 대해 생각하게 하는 계기가 되었답니다.

소로가 정부를 부정하고 불복종을 선언하기는 했지만, 정치에 무관심하겠다는 뜻은 아니었습니다. 오히려 정부가 제대로 일하고 있는지 꼼꼼히 살펴보아야 한다고 말했어요. 우리가 정치에 무관심할 때 우리 삶은 정부가 하는 대로 휘둘리게 될 것이기 때문이지요.

이 책에서는 소로가 쓴 《시민 불복종》에 담긴 생각을 중심으로 이야기했지만, 소로가 삶에서 추구한 가치가 무엇인지도 함께 보여 주고 싶었어요. 소로는 과거나 미래보다 지금 이 순간이 중요하다고 말합니다. 소로는 명상과 산책으로 정신을 충만하게 하고 생활을 단순하게 꾸려 가는 삶이 얼마나 아름다운지 몸소 보여 주었어요. 소로의 사상과 삶을 담은 글들은 복잡한 현대 생활에서 마음에 위안을 주며 지금까지도 많은 이들에게 사랑받고 있답니다.

**천천히 읽는 책**

문장과 문장 사이에서 상상하고 생각하며 읽는 현북스의 책입니다.
문장에 드러나지 않는 행간의 의미까지 꼼꼼히 헤아리며 읽을 수 있는
다양한 읽을거리를 제공하고 있습니다.

76 도시 탐험 서울 강남 • 슬렁씨의 도시 탐험　강대호 글 사진
　　제2회 현북스 천천히 읽는 책 공모전 심사위원 추천작

75 전주 • 역사와 문화로 보는 도시 이야기　장은영 글 사진

74 탐라국 제주 • 주강현 선생님이 들려 주는 제주 이야기　주강현 글 사진

73 바람의 섬 제주 • 주강현 선생님이 들려 주는 제주 이야기　주강현 글 사진

72 어랏! 경제가 보이네 • 초등필수 개념어 참 • 뜻 • 말　박철만 이지연 정용윤 글
　　정은주 그림

71 역사가 된 노래들 • 아리랑 • 님을 위한 행진곡 • 직녀에게 • 늙은 군인의 노
　　래　김병국 박윤우 글
　　제2회 현북스 천천히 읽는 책 공모전 수상작

70 내방가사 • 할머니 엄마 딸 들의 노래　최숙희 글 사진

69 어랏! 생각이 자라네 • 초등필수 개념어 참 • 뜻 • 말　기세라 김한민 전세란 글
　　정은주 그림

68 1960 4 • 19혁명　성현정 이정호 장은영 박윤우 글

67 예술로 만나요　김희경 글
　　제1회 현북스 천천히 읽는 책 공모전 심사위원 추천작

66 어흥! 한국 우화　김은의 글 신희정 그림

65 1학년이니까 할 수 있어요 • 초등교사 엄마가 알려 주는 학교생활 가이
　　드　송은주 글 그림

64 1987 6월민주항쟁　오진원 글
　　제1회 현북스 천천히 읽는 책 공모전 수상작
　　2024 어린이도서연구회 추천도서

63 꼬마 키티 이야기　크리스튼 콜 글 요핸네스 라슨 그림 송순재 번역

62 그림책으로 읽는 우리나라 역사　조월례 글

61 옛이야기 고사성어 • 초등 필수 어휘　정재윤 글

60 망우역사문화공원  김영식 글 사진
　　2024 어린이도서연구회 추천도서
59 1979 부마민주항쟁  차성환 글 김탁돈 외 사진
58 농부 시인이 들려주는 함께 살아가는 이야기  서정홍 글 김지현 서와 사진
56 독립군이 된 간호사들 • 박자혜 정종명 노순경  이창숙 글
55 평화의 섬 제주  박재형 글 사진
54 초등 필수 개념어 참 • 뜻 • 말  김한민 박철만 이지연 전세란 정용윤 홍경남 글
52 함께 연극을 즐겨요  지슬영 글
51 어린이가 안전한 나라  오진원 글 오은진 그림
50 이순신 길을 걷는 아이들  김목 글 사진
49 독립군이 된 부자들 • 이회영 이상룡 안희제  김바다 글
48 강치야 독도야 동해바다야 • 주강현 선생님이 들려 주는 독도 이야기
　　주강현 글 사진
46 신채호가 쓴 옛이야기  이주영 글 김순영 그림
44 시민 불복종  정명림 글
　　2021년 한국출판문화진흥원 청소년 북토큰 지원사업 선정도서
　　2024년 한우리 열린교육 추천도서
41 옛이야기에서 생각 씨앗 찾기  서정오 글, 박수영 그림
40 화성을 지킨 사람들  이창숙 글
39 민주주의와 선거  오진원 글  2020년 한우리 열린교육 추천도서
38 남한산성을 지킨 사람들  장주식 글
37 열두 살의 인생 수업  정유진 글
35 독립군이 된 어머니들 • 윤희순 남자현 정정화  김소원 글
34 권정생 동화 읽기  똘배어린이문학회 글
33 대한민국 생일은 언제일까요?  이주영 글
32 대한민국 독립선언서 함께 읽기  이명종 글
　　2019년 세종도서 교양부문 선정도서

## 왜 천천히 읽기를 해야 하는가?

'천천히 읽는 책'은 그동안 역사, 과학, 문학, 교육, 지리, 예술, 인물, 여행을 비롯해 다양한 주제와 소재를 다양한 방식으로 펴냈습니다. 왜 천천히 읽자고 하는지 궁금해하는 독자들이 있어서 몇 가지를 밝혀 둡니다.

- '천천히 읽는 책'은 말 그대로 독서 운동에서 '천천히 읽기'를 살리자는 마음을 담았습니다. 천천히 읽기는 '천천히 넓고 깊게 생각하면서 길게 읽자'는 독서 운동입니다.

- 독서 초기에는 쉽고 가벼운 책을 재미있게 읽을 수 있는 방법으로 시작해야겠지요. 그러나 독서에 계속 취미를 붙이기 위해서는 그 단계를 넘어서 책을 깊이 있게 긴 숨으로 읽는 즐거움을 느낄 수 있어야 합니다. 그래야 문해력이 발달합니다.

- 문해력이 발달하는 인지 발달 단계는 대체로 10세에서 15세 사이에 시작합니다. 음식을 천천히 씹으면서 맛을 음미하듯이 조금 어려운 책을 천천히 되씹어 읽으면서 지식을 넘어 새로운 지혜를 깨달을 수 있습니다.

- 독서 방법에는 다독, 정독, 심독이 있습니다. 천천히 읽기는 정독과 심독에서 꼭 필요한 독서 방법입니다. 빨리 많이 읽기는 지식을 엉성하게 쌓아 두기에 그칩니다. 지식을 내 것으로 소화하기 위해서는 정독이 필요하고, 지식을 넘어 지혜로 만들기 위해서는 심독이 필요합니다.

- 어린이들한테는 쉽고 가볍고 알록달록한 책만 주어야 한다고 생각하는 어른들이 있습니다. 그러나 독서력이 높은 아이들은 어렵고 딱딱한 책도 독서력이 낮은 어른들보다 잘 읽습니다. 그런 기쁨을 충족하지 못할 때 반대로 문해력도 발달하지 못하면서 책과 멀어지게 됩니다.

'천천히 읽는 책'은 독서력을 어느 정도 갖춘 10세 이상 어린이부터 청소년과 어른까지 읽는 책들입니다. 어린이, 청소년과 어른들(교사와 학부모)이 함께 천천히 읽으면서 이야기를 나눌 수 있는 읽기 자료가 되기를 바라는 마음에서 만들고 있습니다.